Simple meninger og vers på kryds og tværs

Simple meninger og vers
på kryds
og tværs

Tekst og illustrationer
Poul Otto Jørgensen

Forlaget BoD

Poul Otto Jørgensen

Skrinets hemmelighed 2022

Det gamle kort 2023

Kirkebugtens dyb 2023

Stjernestøv i blodet 2023

Fatima og Peter 2023

Simple meninger og vers på kryds og tværs 2024

Marokko og jordskælv er i støbeskeen

Forlag: BoD - Books on Demand, Hellerup, Danmark
Tryk: BoD - Books on Demand, Norderstedt, Tyskland
ISBN: 9788743057307

Indhold

Forord

Jeg har med vilje ikke kaldt denne lille bog for en digtsamling; da det er simple, skumle meninger, forklaringer og vers på kryds og tværs.

Versene halter måske ind imellem lidt. Min gamle dansklærer, senere professor udi metrik - versemål - verselære - ville nok have irettesat mig; men efter min opfattelse har selv "skæve vers" sin charme, så undskyld til professoren.

I må forstå,
at jeg med denne lille bog,

bringer mine simple vers
fra et liv på kryds og tværs.

Selvom det ikke har været let,
har jeg prøvet at ramme plet

i livets gang
med og uden sang.

Computer batteriet var kaput;
men en anden løsning jeg fandt - akut!

At finde åbningskoden tog tid;
så nu prøver jeg at finde filerne med flid.

Jeg skal den gamle computer presse,
for de ældre vers at finde med adresse.

Måske de ikke åbnes kan,
eller måske de er bukket under for tidens tand.

Åh! Midt på den svarte nat,
jeg fandt dem alle klat for klat!

Så de med i bogen kan komme,
selvom de ikke alle er lige fromme!

Det er svært i emner at opdele,
for jeg vil på én gang gerne skrive om det hele.

Derfor jeg meget håber,
at I ikke efter mig råber,

når I læser mine tanker
i følgende vers med diverse skavanker.

Der er sikkert også et par steder, jeg gentager mine rim,
for de i min hjerne er klistret med lim.

Jeg har gennem årene elsket at lave vers både til selskabelig lejlighed og senere i forbindelse med mine bøger. Desuden har jeg også en lidenskab for at kommentere min skepsis i forhold til begivenheder, traditioner og ting, der hænder i hverdagen, så lad os vende os til 'den spæde begyndelse.'

Den spæde begyndelse

Allerede før jeg blev 10 år gammel, lavede jeg på opfordring af min mor et lille vers. Der var dengang en versekonkurrence i det daværende Søndags BT, hvor man skulle skrive noget om moden, den var jeg med på og skrev følgende lille vers, som min mor dog aldrig fik afsendt.

Moden.

Der var et år, hvor kjolerne var gule.
Så blev de længere en smule.

Og sådan går det altid med den mode.
Den skifter om, som var den blot en node,

i en stor og vældig symfoni,
som altid er og aldrig bliver forbi!

Senere skrev jeg lidt om min moster Esthers kage:

Moster Esthers kage

Der er ikke så meget at gøre,
uden at spørge.

Om forlov
uden at blive flov.

Den lille kage dér,
har jeg så hjertenskær.

Den ville smage godt i min mund.
Jeg tror endda, at den er sund.

"Sikke dog du kigger på den kage,
vil du ikke den smage!"

"Jo tak moster Esther,
men jeg troede, den var til gæster?"

"Nej den er bagt til dig du kære,
Du skal bare den fortære!"

Det blev også til lidt andre småvers for at fryde ungerne, da de var små.

Papegøjen

Oppe i dér høje,
sad en papegøje,
den kunne ikke fordøje.

Så mødte den en møllersvend
og sagde: "Æk bæk,
møllersæk, du slap væk!"

Tomgang

Jeg kan ingenting i mit værksted lave,
hverken hamre eller save,

da en kat med killinger små,
ligger udenfor på balkonen skrå.

Jeg nåede at opleve både min bedstemor og bedstefar (farfar og farmor) i mange år. Min bedstemor var lidt speciel, hvilket tog til med alderen. Bedste havde allerede, da jeg var en lille dreng utrolig mange fikse idéer. Når min mor fortalte hende, at man kunne købe flydende opvaskemiddel, der fjernede fedtet, sagde hun: "Med fedt skal fedt fordrives!" Så min mor opgav hurtigt at råde hende med noget som helst. Bedste gik normalt med tørklæde; men når det var højsommer, og solen skinnede, havde hun en lille hat på. Den var - åh så "øm!" Den blev holdt på hovedet af en elastik, som gik ned over hagen. Jeg tror egentlig, at det var en flettet, kinesisk tropehat, som min onkel Ejnar, der var kaptajn i Mærsk, havde haft med hjem. Bedstefar var et meget roligt menneske, der tog det i stiv arm; en gang imellem måtte han dog kigge bestemt på bedste og sige: "Så er det nok Kirstine!" Bedste rettede sig altid efter, hvad han sagde.

Bedstemor med den lille hat.

Bedstemor med den lille hat,
hvor kan hun dog lave meget pjat.

Hun spørger om så meget, jeg ikke forstår,
mens hun drikker sin kaffetår.

Hun sad med den gamle sæk,
der ellers var blevet gemt væk.

Sækken var ikke tom, den var heller ikke fuld,
den duftede af musik, gamle strofer, rom og guld.

Hun sagde til min far: "Otto kan du fiske sild i vor kælder?
det skal være dem uden gæller!"

Når man vasker op, skal fedt med fedt fordrives,
så bakterier ej kan trives.

Da elastikken i mit bukseben sprak,
det på låret trak!

Det er varmt i dag,
på grund af tidens jag.

Kristian ved alt om handel og økonomi,
han er så vis deri.

Kristian var min bedstefar,
der var så klog og rar.

Der gik en lille time,
så begyndte hun at lime.

Hun blev limet til stolen,
så der blev et hul i kjolen.

Hun havde ej limen set,
så sket var sket.

Bedstemor sagde: "Hvem har slukket solen i mit sind?
Det føles som en hvirvelvind!"

Ja bedstemor var lidt bims,
men ellers meget vims.

Nogle af versene kræver en yderligere forklaring. Bedste havde haft en marskandiserforretning og havde derfor stadigvæk utrolig meget gammelt ragelse gemt i kasser og sække. Da jeg var dreng, var disse sække et eksotisk mysterium for mig. I bedstes kælder var der tønder med spegesild. Bedste havde en meget speciel form for humor, hvorfor hun sagde til min far, om han kunne fiske nogle sild til hende i kælderen. Min far var med på den og lod som om, han fangede sildene med en stor trætang. Jeg måbede - havde aldrig før set, at man kunne fange sild fra en tønde. Jeg resonerede hurtigt, at hvis det var tilfældet, kunne jeg også fange fisk i kloakken ude på vejen, så den næste dag var jeg at finde med min lille fiskestang ude på vejen ved kloakdækslet, som jeg havde åbnet. Bedste var bange for træk - må have haft noget gigt, så hun elskede tætsluttende tøj. Hun tabte også engang lidt lim på stolen, mens hun limede, så da hun rejste sig, var der lidt af kjolen, som ikke fulgte med. Bedstefar var solen i hendes liv, han var hendes hjørnesten, da han døde, blev bedstes liv som en hvirvelvind, hun havde hverken rast eller

ro på sig; hun for rundt som en gal, nat og dag. Hun levede heller ikke ret lang tid efter - hvirvelvinden var for hård ved hende.
Min mormor har jeg aldrig kendt. Alligevel har det ikke afholdt mig fra at skrive om min mormor, som I ser her.

Min mormor

Min mormor elsker, at sidde i sin stol
og nyde himlens sol.

Når hun sidder dér,
har hun, som I ser,
på sin hat en lille fjer.

Hun nyder havets brus
og vindens sus

og ser på bådene med sejl
under himlens spejl.

Hun har sin stol, sit bord og en flaske med vin,
så hun kan få sig et lille
grin.

Hun har sin lille sorte hund Fifi ved sin side,
det er vist noget, han kan lide.

Somme tider er tante Agathe med i sin stol,
også hun nyder himlens sol.

Tante Agathe plaprer altid løs,
hun er en lidt, tosset tøs.

Men når de sidder sammen de to,
falder hun til ro.

Min mormor rejser ofte i verden rundt,
fordi hun synes det er så sundt.

På de små Stillehavsøer
er det bare Fifi som gør.

For han bliver så glad,
når mormor giver ham et bad.

De kigger på havet og palmehytter,
som øernes folk benytter.

Det er for mormor en gåde
hvordan de små både,

klarer havets søer
mellem de mange øer.

I Spaniens land
ved Middelhavets vand

sidder mormor under et træ
sammen med Fifi det lille kræ.

Her mormor mødte sin penneven.
De blev så glade for at se hinanden igen.

De havde ikke hinanden i tredive år set,
så de snakkede i flere dage om, hvad der var sket.

Pennevennen som hed Pedro,
var altid glad og fro.

Pedro vil besøge mormor til næste sommer,
når der er modne blommer.

Selv i det høje Nord,
slår mormor op sit bord.

Ved den Botniske bugt,
er livet så smukt!

Men det er koldt,
så det blev ikke til meget ferie, de holdt.

Det blev kun til dage fem.
Så tog hun med Fifi hjem.

I Marokko ved den gamle flod,
mormor historiens vingesus forstod.

Det var arkæologen Hamidt,
som fortalte hende om alt det gamle "skidt."

Så mormor prøvede efter oldtidssager at grave,
men fandt bare en larve.

Hun var hurtigt tilbage i din stol,
for at nyde Marokkos sol!

Mormor har et lille hus
med så mange mus.

Hverken Fifi eller mormor fanger mus,
så musene lever lystigt i mormors hus.

Når mormor kommer hjem,
står døren altid på klem,

så jeg kan komme ind
og klappe hendes søde kind.

Når vi nærmer os jul,
går mormor i skjul.

Hun bager så mange kager,
at bordet af deres vægt knager.

Hun pynter op
og har svært ved at sige: ”Stop!”

Så huset bliver til et julehus
med så mange julemus

Når det for meget for Fifi bliver,
sidder han udenfor og “piver!”

Når han ser ind på alt julelyset,
føler han gyset.

og glæder sig til mormor falder til ro
om en uge eller to.

Somme tider er de tre, mormor, tante Agathe og kusine Pernille,
der altid sidder så stille.

Hun sidder i sin stol
og spiser en Gajol.

For hun er bange for forkølet at blive,
så hun efter vejret må "hive."

Hun har altid et tørklæde om sin hals
og danser aldrig vals,

for hvis hun bliver varm,
får hun smerter i sin barm.

Så hun sidder ganske stille,
uden i næsen sig at pille.

Det er kun, når hun drikker vin,
man hører et lille hvin.

Mormor havde engang en mand, vores morfar,
som ellers er så rar.

Men morfar fandt en anden kone,
som hed Lone.

Da Lone fandt en anden mand, der hed Rud,
smed hun morfar ud.

Morfar troede, han til mormor kunne komme,
Men mormor sagde: "Den sag er afgjort du fromme!

Du kan komme på besøg,
det er dét, din gamle gøg!"

Så morfar kommer en gang imellem med til havet i sin stol,
hvor han spiller på sin fiol.

Morfar er Fifis ven,
han klapper ham igen og igen.

Jeg mindes dengang min datter Christina var en lille "trold." Hun havde sine usynlige fantasivenner Lubi og Banko. Når vi sad i sofaen og fortalte hinanden historier om dem, lykkedes det mig at indflette min gamle fantasifigur, Bladmand fra min barndom, så han blev en del af Lubi og Bankos verden. Med tiden blev der 'født' flere fantasifigurer, som blev indlemmet i vort univers.

Lubi og Banko kom til os som børn, mens Bladmand var en voksen mand af ubestemmelig alder og herkomst.

Mærkeligt nok har Christina og jeg efterfølgende fantaseret over figurerne hele vort liv, som en slags hemmelig trolddom.

I må huske på, i begyndelsen var det kun Christina og jeg, der kunne se Lubi, Banko og Bladmand, indtil der skete noget, som skulle ændre dette fænomen - fundet af synets vand - men herom senere.

Efterfølgende får I de første spæde vers.

Lubi Banko

Lubi og Banko er mine venner.
Det er kun mig og min far, som dem kender.

Når de spiser vores mad,
bliver jeg så glad.

Når middagen kommer,
mæsker de sig med blommer.

De på mit værelse bor,
så pladsen er ej stor.

De har bord, seng og stol
og en stor fiol.

Selvom de spiller dagen lang
hører vi ikke en klang.

De skriver og læser
men mest, når det blæser.

Når de vil ud at gå en tur
stiller jeg mig på lur.

Og spiser en kage
til de kommer tilbage.

Bladmand

Bladmand kører hele dagen lang
i munter sang.

Han deler blade ud
med sin Ford, som bud.

Når Forden går i stykker,
reparerer Bladmand den uden nykker.

Han kører til byen ind i Forden
og henter blade om sporten.

Lubi og Banko er hans gode venner,
de ham ret godt kender.

Han er af samme slags som dem,
så de ved, når han kommer hjem.

Han bor på loftet i vort hus,
sammen med katte, lopper og mus.

Han får sin mad bragt op,
og får sin te i en lille kop

Vi hører ham ofte, når han virker.
Det er ligeså, det i loftet knirker.

Men når han sover om natten,
hører vi kun katten.

Da Lubi og Banko ikke kom hjem

Da Lubi og Banko ikke kom hjem,
vidste jeg, at den var slem.

Jeg gik i mørket ud så spændt,
med min lille lygte tændt.

Lige meget hvor jeg søgte,
var det bare, som det spøgte.

Jeg råbte og skreg
med stort ståhej.

"Lubi og Banko, hvor er I henne?!
Skal jeg politiet sende?!"

Så med ét fra det store træ,
på det store bakkedræ,

hører jeg to stemmer
og jeg fornemmer,

at det er Lubi og Banko, som siger:
"Vi er i træets top, men her er ingen stiger.

Vi sidder heroppe til det bliver lyst!
Her er ganske tyst.

Kom i morgen og hjælp os ned!
Nu ved du besked!"

Hjemme i huset,
mærkede jeg suset!

Da Bladmand kom til syne,
med sin dyne!

“Hvorfor er Lubi og Banko ikke her?!
Jeg føler dem ikke nær!”

Jeg fortalte Bladmand det hele.
Han sagde: "Vi behøver, et reb med knuder, en snor, papegøjen
Signe, hugget sukker og en sele!

I morgen når solen står op,
bringer Line snoren, som vi har bundet til rebet, til træets top.

Jeg kører ned i nummer atten
og henter det hele, her i natten.

Den næste morgen gry,
var der ikke en sky.

På bakkens top,
vi kiggede op

"Hvad er der hændt?!"
vi spurgte spændt.

"Gårdmandens store hund, Bjørn,
jog os herop, som var vi børn!"

"Hvad gjorde i ved Bjørn?!"
"Ingenting, vi klemte bare hans hale lidt i dørn'.

Nu har vi det som katten,
der heller ikke kan komme ned fra træets top om natten.

Hvad skal vi gøre?
Om vi må spørge?"

Vi råbte til de to små:
"Nu skal I en snor få!

Hal den op med stræb
så får I et reb!

Signe kommer også med en sele,
det var vist det hele.

Bind rebet fast i grenen stor
sammen med den lange snor!

Tag selen på én for én og fir jer ned
i fint geled!"
Første kom Lubi på jorden til syne!
Hun fik over sig den store dyne.

Så var det Bankos tur,
han kurede ned i fin figur.

Signe fik sin sukkerbid,
som belønning for sin flid.

"Skulle det være en anden gang, skulle det være en anden gang!"
skræppede hun i sang.

Vel hjemme, de to fik varmen.
og strakte ud armen

efter mere mad.
Så jeg var åh så glad.

Så kom Bjørn med en kurv i sin mund.
der var æbler, blommer og en melon, så rund.

Da Lubi og Banko klappede ham på hans ryg,
var han slet ikke styg.

Men da de rørte hans hale
begyndte han at vræle.

Så de klappede bare hans ryg og hoved,
så han nød virkelig alt det gode.

De var lidt flove
og lagde sig snart til at sove.

Jeg var glad
og tog mig et bad.

Naturen

Versene om naturen, jordens klima og ressourcer har taget tid,
for det emne dyrker jeg med flid.

I de senere år har jeg "verset" videre i de bøger, jeg har skrevet, samt på internettet - jeg kan simpelthen ikke lade være.

Jeg har skrevet vers om miljø og natur
inklusive jordens klima og temperatur.

Her er et lille vers fra min Marokko bog om jordskælvet i Marokko, som jeg oplevede på egen hånd:

Jordskælv

Da den store, gale smed inde i bjerget vågnede op fra sin døs,
begyndte han at slå løs!

Han ramte alt, hvad han kunne nå,
som I desværre lige så!

Han slog alt itu!
I ét og nu!

Der hvor han ikke kunne nå, gav huse og veje
sig til at svaje,

så folk forlod deres huse
uden skjorte og bluse.

Insekterne - en del af vores hverdag i Marokko, har også fået lidt plads:

Lopper og fluer

Jeg troede, det var lopper, som bed.
Men opdagede, at det var fluer som led.

De tålte ikke kulden på deres krop,
og kravlede i buksebenet op.

Og bed.
Så det sved.

De kravlede også på maven ind
og bed i det bare skind.

Bien.

Vi sad på tagets terrasse kl. 18
og nød solen blive slatten.

Jamila bien verfer væk.
Den på min mave sidder så kæk.

Jeg bliver bange for, at den skal stikke.
Og lader den ej på maven ligge.

Jeg skubber forsigtigt, og siger: "Flyv!"
Men i stedet stikker den mig i fingeren, det er ikke lyv!

Da kræet på gulvet ligger
og aldrig mere stikker,

bliver jeg trist,
for den må lade sit liv, det er ganske vist!

Min finger begynder at klø.
Men bien, den må dø!

Alle snakker om vejret og CO2; jeg må bare konstatere, at selv i historisk tid, har vejret varieret - endda ret så meget.

Vejret

Hvor meget ved vi om vejret på vor jord?
Selvom det er her vi bor.

Er de klimamodeller vi har skabt, blot en tro
på jordens CO2?

Jeg har så mange spørgsmål til vor tids klima trolde,
at det problemer vil dem volde.

Her i januar
er temperaturen ikke rar.

Frosten er så stærk,
at det giver mange værk.

Hvor er den globale opvarmning blevet af?
Jeg tror mere og mere på min sag!

Det er solen der bestemmer,
ikke nogle få FN medlemmer!

Lubi og Banko i zoologisk have er vel også en slags natur:

Lubi og Banko i zoologisk have.

Jeg springer i Volvoen ind til Søren
og smækker døren.

Da jeg mig kigger tilbage, sidder der to på bagsædet musestille
uden at pille.

Søren kan ikke Lubi og Banko se,
men han kan høre dem le.

De holder fingeren på munden op til tegn, at jeg ingenting må
sige.
Det overholder jeg uden lige.

Da vi når København efter en tid,
slår Banko en lille skid.

Søren den hører og siger stille,
den lød ikke som en af dine de milde.

"Jamen Søren min mave er lidt skør,
så min prut er blevet lidt mør!"

"Når sådan, siger Søren gennem skægget,
du har sikkert spist for meget af ægget!"

"Det har sikkert ikke været så godt!"
siger jeg flot.

"Men her har vi Zoo på højre hånd!
jeg parkerer her ved dette bånd!"

Uden at Søren så nogen ting,
lukkede jeg Lubi og Banko ind

i den store have
og sagde, at de ingenting uartigt måtte lave!

De kiggede på mig blot
og nikkede flot.

Inde i haven var der en tiger, som traskede rundt
og gloede ondt.

Pludselig tigeren sprang op og pev'
der var nogen, som den i halen hev.

Kun jeg
så Lubi også Banko lave ståhej.

Så efter en stund,
da vi kom til flodhesten kuglerund,

begyndte det store dyr at larme,
som om nogen ville den varme.

Nogen sad på dens hoved stort
og smurte det ind i lort.

Ingen kunne dem se,
kun jeg, ak og ve!

Senere kom aben frem
og var næsten tam.

Så gav den sig med ét til at hoppe
og ville ikke stoppe.

Der var nogen som prikkede det arme dyr,
med en pind af fyr.

Men igen, ingen kunne dem se,
kun jeg, oh igen ak og ve!

Elefanten gik ikke ram forbi,
nogen havde sat en bi,

på dens snabel,
så den viftede med snablen som en sabel.

Kun jeg vidste det, ak og ve,
for jeg kunne dem se!

Inden de skulle ind til slangen.
Fik jeg fat i deres arme og tog dem som fangen.

Men de lugtede fælt af flodheste lort,
på grund af det, de havde gjort.

På vejen hjem i bilen, fik Søren mælt:
"Hvorfor lugter her så fælt?!"

Jeg forklarede, at jeg havde trådt i en bæ med mine sko,
derfor lugtede der af ko.

Hjemme måtte Lubi og Banko endnu engang i bad.
Jeg kunne ånde lettet op og var glad.

Apropos udflugter, tog Lubi, Banko og Bladmand på en udflugt til København og Jyderup,

hvor de blev præsenteret for synets vand,
der ændrede deres liv i mere end en forstand.

Det var som med et trylleslag.
De blev aldrig de samme fra den dag.

For da de drak af synets vand,
kunne vi se dem allemand.

Besynderlige hændelser

Besynderlige hændelser er der mange af, specielt indenfor Lubi, Banko og Bladmands verden. Her kommer lige nævnte Københavnertur:

Københavnerturen

På Vesterbro i København,
en bil kørte,
uden at nogen den førte.

Da folk det så,
blev der panik i nogle få.

Det var Bladmand, som bilen førte,
og han hørte,

de i radioen sagde:
"Vi har en klage

fra nogen, som har set en bil køre selv.
Det kan vi ikke acceptere, vel?"

De ringede til polisen,
der ankom hurtigt som brisen.

Da bilen standsede brat,
sad Bladmand ved sit rat.

Lubi og Banko min tro,
sad på bagsædet i ganske ro.

Da politibilen stoppede,
Bladmand ud hoppede.

Betjenten spurgte: "Hvem kører denne bil?"
"Det gør jeg." sagde Bladmand med et smil.

"Jeg ser dig ikke, nogle ting er galt?"
Sagde betjenten halvkvalt.

"Åh jeg forstår, du spiser for meget sukker.
Det lyset i dine øjne slukker!"

"Tror du det?" spurgte betjenten bange,
og krøb som en slange.

"Sammen med den nye virus BS 21,
kan jeg sige, uden at lyve,

at sukker er katastrofalt
for dine øjne, det går galt!"

sagde Bladmand sagte,
"Du må dig vakte."

Betjenten skreg og tog sig til låret,
og op sig rejste håret.

Det andet lår gik ej ram forbi.
Det føles, som blev han stukket af en bi.

Da Lubi med nålen stak en gang mere i betjenten skør,
blev han ganske ør.

"Jeg må have besked!
Var det BS 21 virussen hed?"

"Ja," sagde Bladmand, "nu ved du besked!
Det var det den hed!"

Betjenten tilkaldte en ambulance
og håbede, at hospitalet kunne give ham en chance.

Bladmand, Lubi og Banko fortsætter mod vest
for hjemme er bedst.

På Skovvejen ved Jyderup by,
var der ikke en sky.

Foran dem kørte Martin Hansen,
Bladmands gamle ven fra Skansen.

"Han skal drilles lidt!" Håber I lytter!
Vi overhaler ham og dytter!"

De overhalede Martin Hansen straks
og dyttede meget vakst.

Da Martin en bil uden fører så,
begyndte sveden ham i panden at stå.

Han kørte til siden ind og stoppede
og ud af bilen hoppede.

Bladmand stoppede også sin bil
og sprang ud med et smil.

"Goddag, goddag Martin, min gamle ven!
Så mødes vi igen!"

"Nu hører jeg på stemmen, som snakker,
at det er Bladmand Sørensen min gamle makker!

Har du flere af det usynlige folk i din bil gemt,
bliver det måske ikke så ikke nemt!

Men jeg inviterer jer alle sammen
hjem til mig til en lille komsammen!"

"Jeg har bare Lubi og Banko med i min bil."
sagde Bladmand med et smil.

Da de kom hjem til Martin ved Jyderup by,
var der ikke en sky.

Olga, Martins kone,
tog imod dem sammen med datteren Lone.

"Jeg bringer lidt vand fra synlighedens kilde på engen,
så vi bedre kan se jer, når I sidder på sengen.

Det virker et stykke tid."
sagde Olga med flid.

Først tog Lubi en slurk eller to,
så pludselig kunne man se hendes sko.

Derefter kom hele Lubi til syne,
med sit søde smil og de små runde briller på sin "tryne."

Så var det Bankos tur,
med sin flotte, sportstrænede figur.

Bladmand sås til sidst,
da han kom til syne med list.

"Nu vi er samlet alle mand, siger jeg:
Velkommen til flæskesteg!"

sagde Olga lidt flovt!
"At møde alle jer, er ganske sjovt.

Vi spiste og drak og hyggede os længe,
ringede til Christina, og sagde, at vi først kom i morgen, inden vi skulle finde vore senge.

Vi fik synets vand af Olga på flaske den næste dag.
Det var en dejlig gave, der kom som et slag.

Da vi huset på Røsnæs nåede,
gik det som vi spåede.

Søren snakkede sort,
da han os alle så, så stort.

Vi fortalte, hvad der var hændt,
mens Christina lyttede spændt.

Der var ekstra TV på skærmen.
En farlig virus var brudt ud, jamen!

Hvad var dog dette?
Den hed BS 21 opkaldt efter Bladmand Sørensen den lette.

Han havde i København gjort det klart,
at der var fare på færde meget snart.

Vesterbro var afspærret med tilstødende gader
og der blev gravet render med spader.

Sundhedsministeren talte først til folket:
"Som jeg får det tolket,

I skal alle komme hjem,
vi har døren på klem!

Men kun dem med bopæl i det danske rige!
Alle andre danskere må tie."

Statsministeren var meget stram
og skød brystet frem.

Hun sagde meget bestemt:
"Det her er ikke nemt.

Vi ved endnu ikke om I mundbind skal bære?
Men det kan jo være."

En gruppe af professorer, doktorer,
og eksperter
skal nedsættes straks, selvom det smerter.

"Uha!" Sagde Bladmand. "Hvad har jeg dog ikke sat i gang."
I trænger til min muntre sang!"

Lubi og Banko hentede deres fiol og begyndte at spille,
mens bladmand sang sin muntre sang meget stille.

Til slut gik alle til ro
og håbede, at panikken ville fortage sig om en uge eller to!

En af de røde tråde i min bog 'Stjernestøv i blodet' er den orange ildkugle, som indtil nu har forfulgt mig hele seks gange. Efterfølgende vers er et koncentrat af hændelserne.

Den orange ildkugle

Jeg så den gange seks,
den kom over himlen farende som en heks.

Med sit orange lys i rumpen,
man så kosteskaft stumpen.

Den orange ildkugle for afsted
på meget lette fjed!

En gang den landede i Ellingelund ved Kalundborg og efterlod en
lille mand,
hvilket gik over min forstand.

Manden var en multiverser,
som absolut ikke med nogen herser.

Han var blevet syg,
så jeg bragte ham til sygehuset i vor by.

Han fik en kærlig pleje,
på sit sengeleje.

Da han blev frisk og rund,
blev han af vort samfund en del så sund.

Da de ville hente ham hjem,
hvor døren i multiverset stod på klem,

var han med Lise blevet gift.
De havde to børn, som ej var i lift.

De var blevet store og smarte
og var slet ikke sarte,

Så Hans, som han hed,
sendte tilbage en besked:

“Tak for at I ville hente mig hjem;
men nu lever jeg her med alle dem,

jeg kan li'
og jeg føler mig fri,

så jeg bliver på jorden til min ende
og ser, hvad der kan hænde!"

Myndigheder og bestemmelser

Der er så mange myndigheder og bestemmelser i vores verden i dag, som drukner i tidens jag.

Certifikater, paragraffer og undertekster
om vores liv, industri og vækster,

bliver spyttet ud som fra en kanon
i enhver situation!
I vores kære FN ej at forglemme,
situationen ej hører til de nemme,

så lidt om FN følger her,
hvor I kan læse meget mer'!

FN

FN, vores internationale vaskeklud
må stå for skud;

men ikke uden grund.
Selvom idéen er kernesund,

er der mange knaster,
som tvivlen kaster.

Er vetoretten demokratisk?
Mit svar bliver sporadisk.

I et sandt demokrati, har alle en lige stemme,
både de store og de små og også de slemme!

I sikkerhedsrådet kan en af de store fem opponere,
så der ikke hænder mere!

Sagen til jorden falder,
man vetoretten, det kalder.

Man bør tage ved lære
og løse problemer med ære.

Jeg hørte én sige disse ord:
"FN, du forstår slet ikke spor.

Du har vokset dig stor og tyk,
så du virker lidt styk!

Du er blevet en blæksprutte med for mange arme og for meget blæk,
så se dog at få det hele gemt væk
i en sæk!

Gå på slankekur,
som de fine fruer.

Bliv rationel og moderne i et tag,
så du svarer til tidens jag!"

Jeg kan kun give ham ret, FN trænger til en revision,
så den er rede til at klare dagens situation!

Nu da Lubi, Banko og Bladmand kunne blive synlige, fik de lyst til at rejse lidt; men måtte konsultere myndighederne inden for at få deres pas.

Da Lubi, Banko og Bladmand fik pas.

Lubi, Banko og Bladmand har personnummer, som alle vi.
Men ikke et pas, som kræver et fotografi.

Så nu da de fik en spand
af synets vand

af Olga fra kilden på engen skrå,
tænkte de på,

at gå på kontoret, som laver pas og tager fotografi,
for et pas ville de kunne li'!

Inden de kørte til kontoret for pas, holdt de stand.
De tog hver en ordentlig slurk af synets vand.

Da de til kontoret kom, kunne alle dem se,
så de tænkte ak og ve!

Vi er ikke vant til at blive set.
Men nu er det sket.

De blev fotograferet og udfyldte formularer og kunne næsten ikke vente.
For de skulle komme om uger to, for passene at hente.

Da de kom hjem, kunne de stadig ses, så Søren blev endnu engang lidt bange.
For at de skulle begynde at synge deres muntre sange.

Gårdmandens hund Bjørn
sad og så dem i en tjørn.

Han tænkte: "Jamen de er jo ganske søde."
så det var synd, at de i træet måttet bøde,

da de min hale klemte,
men heldigvis det vi glemte."

"Hej Bjørn, vi har en godbid til dig!
Det er noget af Christinas flæskesteg."

Sagde Lubi og Banko i kor,
mens Bladmand parkerede bilen stor.

Dagene gik,
mens de på tiden holdt skik.

Da dagen kom,
de fyldte synets vand i deres vom.

De igen tog en slurk eller to,
til man kunne se dem alle min tro.

På kontoret sagen var nem,
Det var stort for dem.

Nu kunne de rejse i verden rundt
og det er ganske sundt.

De alle tre doktor Olsen skulle nå,
for en attest at få.

Doktor Olsen skrev, et handicap af de svære.
Lubi forsvinder ibland desværre.

Så kan hun ikke ses i sin færden,
og bliver usynlig for denne verden.

Samme attest fik Banko og Bladmand hver.
Ja den var svær.

Da doktoren hørte om synets vand,
blev han lutter øre, den rare mand.

Jeg skriver til Olga Hansen,
jeg kender også hendes mand Martin fra Skansen.

Bladmand, Martin og jeg gamle kujon,
var soldater i samme bataljon.

Vi laver en fabrik alle fem.
Den bliver ganske nem.

Vi tapper synets vand på flasker og laver det måske til piller.
Det lyder næsten som en thriller!

Men lige nu laver vi flasker små
til jer alle og skriver medicin derpå.

Dem skal I bruge på rejsen, vær ej nervøs!
I synligheden skal bevare, når det behøv's!

Hjemme talte vi længe den nat,
om hvor vi skulle rejse hen og finde en skat.

Christina en annonce i avisen så,
vi skulle rejse til Algarvekysten, hvor den så end lå?

Billetter blev købt til om 14 dage
og i hele den tid var Banko en plage.

Han kunne næsten ikke vente,
han fik smerter i sin mave, som spændte.

Frihed og tolerance

Da jeg sad på bagsædet af en aktaf (sort taxa i Marokko) for at blive kørt fra mit hjem på bjerget i Marokko til den nærliggende by ved havet, sad der en skolelærer på forsædet ved siden af chaufføren. Skolelærere i Marokko er meget nysgerrige, så han spurgte mig, hvad jeg syntes om marokkanerne? Jeg svarede, at det var et livligt, venligt folkefærd, som jeg satte pris på, og jeg fortalte videre, at jeg tilmed var gift med en "berber pige" og på skift havde opholdt mig i Marokko, Sverige og Danmark i de sidste 12 år. Han spurgte videre, hvad jeg mente om Marokko. Jeg svarede naturligvis, at jeg holdt meget af naturen, samt at klimaet passede mig ganske godt med reduceret gigt og astma. Som den sidste bemærkning - uden at tænke over det - røg det ud af mig: "Ja, og så har jeg friheden til at være fri!" Det ville han naturligvis have uddybet. Det blev en lang forklaring, som jeg skal skåne jer for.

Da jeg kom hjem, satte jeg mig på taget og tænkte det hele igennem én gang mere, mens jeg kiggede på bjergene, der stadig var halv grønne.

Mine tanker formede sig nogenlunde sådan:

Det er vist kun Frihedsgudinden, der ved, hvad frihed er, og ingen har haft hende i tale endnu. Hun er forbundet med frihed, ligeret og demokrati. Det lyder fantastisk; men er det opnåeligt?

Jeg er blevet mere og mere i tvivl, jo ældre jeg er blevet, så med min alder på 77 år, er jeg i dag meget i tvivl?

Da jeg gik i skole umiddelbart efter 2. Verdenskrig, var jeg ikke i tvivl, vi havde frihed, vi var de frie; vi havde besejret de onde, vi havde besejret nazisterne. Nu levede vi i en verden, delt op i Øst og Vest, hvor vi heldigvis levede i det frie Vest. De stakler, der levede i Øst var undertrykte uden frihed.

Vi havde senere en præst i skolen både i historie og religion. Den "mærkelige mand" satte spørgsmålstegn ved vores frihed og kom med flere eksempler på manglende frihed. Jeg forstod noget af det han forklarede; men der var meget, jeg ikke forstod. Alligevel satte det gang i mine tanker om friheden.

Jeg begyndte at kigge mig omkring og opdagede, at verden slet ikke var, som jeg troede; det jeg var blevet fortalt passede ikke, min amerikanske drøm smuldrede, min danske drøm smuldrede. Det var en hård kost for en teenager at opdage, at hans baggrund og hans fundament ikke var så solidt, som han havde troet.

Meget senere, da verden gik i opløsning; Berlinmuren faldt, og der blev åbnet op til Øst, tog jeg en rekognosceringstur med en gammel kassevogn og en gammel ven ned gennem Østtyskland og ind i Tjekkiet. Jeg snakkede med folk undervejs og opdagede, at folk oplevede deres hverdag meget forskelligt, mange var glade og tænkte ikke på den manglende frihed. Nogle andre fokuserede meget på styret, der havde været, og fordømte det og den manglende frihed. Det kom bag på mig. Jeg havde forventet, at alle ville have fordømt det væltede styre og den manglende frihed, så jeg måtte revidere min opfattelse endnu engang.

Hjemme igen kom en af mine kolleger, hvor jeg arbejdede, med et mærkeligt udsagn: "Nu falder vores levestandard og vores frihed bliver af anden klasse, for nu skal vi ikke længere vise, at vi er de bedste!" sagde han. Jeg spekulerede meget over, om det var rigtigt, hvad han sagde, og jeg må i dag konstatere, at han havde ret.

I Danmark har vi et demokrati, som vi nu har vedtaget, at det skal være. Nogle siger, at det er demokratiets diktatur - måske har de ret, for der er ikke meget plads til slinger i valsen med de retningslinjer og normer, der er for alt sammenholdt med en stor kontrol af det enkelte menneske og samfundet, (som allerede berettet i forrige afsnit). EU's normer og standarder gør det heller ikke bedre, de smitter af på det enkelte individ - alle skal tilhøre den samme standardiserede grå masse - helst med en chip i armen. Hvor er friheden til at være fri og tænke frit? Man skal ytre sig efter nogle bestemte normer. Man skal for eksempel:

være klimatro
og tro
på klimaets afhængighed af CO2,

selvom der i virkeligheden er for og imod. Hvis man er modstander og ytrer sig, bliver man tysset ned, selv der hvor de påstår, at de gerne vil have debatter for og imod indholdet i tilværelsen.

Jeg ved derfor ikke, om vi overhovedet nogensinde har haft frihed til at leve frit, eller om vi i dag har frihed til at leve frit.

Jeg føler mere og mere, at frihed er en personlig følelse, som ikke nødvendigvis behøver at være knyttet til et demokratisk styre eller en bestemt regeringsform. Eksempelvis snakkede jeg for nylig med en dame, der havde levet en stor del af sit liv ude på det russiske bondeland. Herude var de fuldstændig ligeglade med, hvem der havde magten i Moskva, bare de kunne leve livet i fred med deres afgrøder, deres husdyr og deres familier. Dette fik mig til at tænke en mærkelig tanke: Kan det virkelig tænkes, at der er steder i Putins kæmpestore Rusland, hvor man føler en større frihed end i Mette Frederiksens lille, kontrollerede Danmark?

Jeg sidder stadig på taget af mit marokkanske hus, mens solen går ned bag mig, og fuldmånen står lysende på himlen foran mig; himlens farver antager smaragd grønne nuancer, som går over i blåt med et stænk af lilla, alt imens dalens omliggende bjerge bliver mere og mere silhuet agtige.

Mine tanker flakser. Jeg skulle have betalt regninger for el og vand; men har ikke fået det gjort; jeg ved, at ingen vil sige noget til det; nogle dage fra eller til betyder intet. Da jeg manglede penge under coronakrisen i Marokko, blev jeg tilbudt penge uden at spørge. Dengang jeg gik meget dårligt med stok, var jeg også i Marokko, og jeg blev hjulpet over veje og ujævnt terræn uden, at jeg spurgte om hjælp; jeg oplevede en venlighed og hjælpsomhed uden lige, som jeg tit tænker tilbage på.

Jeg får et løft, hver gang jeg sidder på mit tag og oplever alt dette, både naturen og tankerne, som supplerer det hele så fint; så lige nu mærker jeg et stænk af frihedens sus!

Frihed, du mærkelige størrelse!

Frihed kan ikke måles, lejes
eller vejes.

Er tyrannen, der hersker over alle de mennesker, han ikke kan li'
en skabning fri?
Nej, han er en slave af sig selv og sit tyranni.

Er man fri,
hvis man lever i et demokrati?

Hvis du føler demokratiets sti til ende,
vil du erkende,

at svaret er nej!
Der er ikke mange der tænker på dig!

Frihedens pris,
er blevet lagt på is,
sådan er det naturligvis!

Jeg tænker ofte på et af de første vers vi blev præsenteret for i skolen: ‘En lille nisse rejste,’ af Jul. Chr. Gerson fra 1845; men har omskrevet det en smule:

Min version af ‘En lille nisse rejste.’

En lille nisse rejste med ekstrapost fra land til land for friheden at finde,
selvom han intet havde at vinde.

Da han kom til stormogulens land,
var friheden ikke sand.

Så gik han ned til havet og stirrede i det klare vand,
han smilte, thi nu havde han set den frie mand!

Det er vel mærkeligt at tænke på nye venner i en høj alder - men alligevel.

Jeg føler det næsten som en pligt,
at anskueliggøre min livsholdning i følgende lille digt.

Det har vel noget med tolerance at gøre.

Nye venner

Da min fars sidste ven døde,
begyndte han åndeligt at bløde

og sig klage:
"Jeg har ingen venner tilbage!"

Jeg svarede med disse ord,
på det som jeg tror:
"Jamen du har jo os, vi er her alle."
"Jeg vil jer ikke venner kalde.

Det bliver aldrig det samme!
I er familien i en ramme."

sagde min far,
som os ikke ville holde for nar.

Jeg har derfor besluttet,
ikke at bruge krudtet

på hvad der var engang,
og i stedet nyde livets gang.

Tingene kommer som de kommer,
hvad enten det bliver vinter eller sommer.

Så jeg samler på nye venner
og ser, hvad der hænder.
For kun Én vor fremtid kender!

Jeg anvender ofte begrebet stjernestøv i blodet i mine bøger og forklarer i min bog 'Stjernestøv i blodet,' hvad det betyder - også dette byder på tolerance.

Stjernestøv i blodet

"Stjernestøv i blodet
kan virke lidt rodet;

men medføre et liv som ej er trist,
det er sikkert og vist!

Glæden ved livet
er ikke givet;

men stjernestøv i blodets åre,
gør dig til en overlever så såre.

Med stjernestøv i blodet, du andres liv forstår,
hvor de end i multiverset står og går.

Vi er alle i multiverset lige,
selv hver eneste lille dreng og pige!"

Hvis I vil vide mere om multiverset, udpensler jeg min teori om dette i min bog 'Stjernestøv i blodet.'

Jeg fortæller i flere af mine bøger om min ven, en særpræget person, Soufiane, der er tømmerhandler i Marokko og desuden har taget en juridisk embedseksamen. Jeg har for længst erfaret, at han er noget af en vismand.

Vismandens kloge ord

Min gamle ven og vismand, sagde i dag disse ord,
Først forstod jeg slet ikke spor.

Men efter lidt tid,
hvor jeg tænkte med flid

på de religiøse drillerier,
hvor tåber brænder af det hellige papir;
fattede jeg, at det er rigtigt, hvad han si'r!

Det han sagde,
var ingen klage.

Det var blot en opfordring til alle både ateist og from,
om at tænke sig om.

Hans opfordring er ganske klar;
han taler til os som en far:

"Tro mig, der er meget store, fremtidige udfordringer, der venter på os. Så lad os stoppe al religiøs diskrimination og diskussion, så vi kan stå sammen og løse udfordringerne i samlet flok!"

Jeg har "udgivet" en lille reklamefolder, som jeg uddeler fysisk, og som også kan ses på min hjemmeside:
www.eventyrogstjernestoev.dk

Fra min reklame folder

Giv dog dine medmennesker en chance!
Jeg afskyr selvhøjtidelighed og arrogance!

Selvom du måske ikke tror på Gud,
skal du overholde hans bud!

Om du er farvet eller ej,
betyder slet ingenting for mig!

Bare du aldrig giver op
og holder din medmenneskelige værdi i top!

Kan man lave om på sig selv?
Skal man lave om på sig selv?

Lave om på sig selv

Lave om på sig selv;
det kan man vel.

Men hvorfor lave om på sig selv,
hvis man lever vel?

Vores venner fra barndommen prøver altid at være åbne,
hjælpsomme og tolerante.

Professor Victor Bladmand Sørensens videnskabelige rapport.

Der optræder personer i rapporten, som I vil komme til at stifte bekendtskab med i et senere afsnit.

Søren på TV så, gryntede lidt og sagde:
"Christina jeg har en klage!"

"Jamen Søren, hvad har jeg dog gjort?
Er det noget stort?"

"Du har ikke fortalt,
at vores Bladmand, nu bliver professor kaldt."

"Jamen Søren, det troede jo du vidste.
Han blev udnævnt i forrige måned, dén sidste.

Han har i emnet usynlighedens folk fået et professorat,
Det er ganske rart."

"Godt at du fik munden på gled
Nu ved jeg besked."

Afsluttede Søren konversationen
og helligede sig igen TV stationen.

Han så og hørte,
hvordan professor Victor Sørensen os i usynlighedens emne
førte!

Ham og hans gruppe af eksperter var nået til vejs ende.
Det måtte alle erkende.

De havde løftet sløret totalt.
Dét var ganske godt talt.

Metode til registrering af de usynlige,
så de nu blev regnet med i de synlige.

Ret dosering af synets vand,
det bør ej blot drikkes af en spand.

eller piller til lettelse af skavanken.
De havde realiseret tanken.

Forebyggelse af usynligheds skavanken allerede i moders liv.
Så det fødtes frisk, det lille piv.

Desuden var sammenhængen mellem indtag af sukker og
virussen BS 21 kortlagt,
selv om man på sukker, havde smagt.

Der var fremstillet en vaccine, som skulle tilbydes alle på denne
jord,
så gruppens visioner var stor.

Så blev der bragt et eksklusivt interview med professoren så
kæk,
Gamle Bladmands figur sås på skærmen et stykke væk.

"Tillykke med de flotte resultater I har nået,
rigtig godt gået."

Sagde journalisten straks,
Professor Bladmand løftede hovedet vaks.

Journalisten spurgte igen,
professor Bladmand, hans gamle ven:

"Et det rigtigt, at du startede som bladbud?!
Og bragte aviser og blade ud?"

Professoren svarede med snilde:
"Oh ja du milde.

Det kan jeg ikke nægte,
den fortælling er ganske ægte.

Jeg læste medicin på Christinas loft om natten,
når jeg støjede lidt, troede hun det var katten.

Senere praktik på forsker station.
Du ser jeg havde travlt, jeg gamle kujon.

Usynlighedens emne blev mit speciale.
Jeg læste meget, når jeg sad på min hale.

Da jeg selv er en af usynlighedens folk,
behøvede jeg ingen tolk."

Journalisten fortsatte med at spørge
"Hvad sker der nu med jeres videnskabsgruppe så god?"
Professor Bladmand det forstod.

Så professor Bladmand fortalte,
at alle usynlige var talte

og medicin var til stede,
som alle modtog med glæde,

samt, at der var vaccination mod BS 21.
"Så uden at lyve,

kan vi igen spise sukker,
uden at det lyset i vore øjne slukker!

Så gruppen vil blive sat i bero
om et år eller to,

Derefter vil man en konference holde flot,
for at se, om alt er så godt?"

sluttede professor Victor Sørensen af.
Den gamle knag.

Journalisten takkede for interviewet,
og konstaterede, at professor Victor Sørensen altid levede i nuet.

Professor Victor Sørensen pointerede til slut,
at det var Olga Hansen, som skulle have den store salut.

Det var hende som havde fundet synlighedens kilde på engen ved Jyderup by,
hvor solen altid skinner over sky.

"Hvem er Olga Hansen, som du beretter om?"
spurgte journalisten så from.

"Det er konen til Martin Hansen,
vor direktør på Syva Pharm og min gamle ven fra Skansen!"

Afsluttede professoren konversationen,
mens journalisten fulgte traditionen,

og endnu engang takkede af, som det sig hør og bør
og konstaterede, at intet var som før.

Så kom statsministeren frem
og tænk jer, hun var slet ikke stram.

Men skød alligevel brystet frem,
Søren redte sig imens med sin kam.

Hun professoren og hans folk priste,
imens Søren en pizza spiste.

Da Søren pizzaen havde spist,
og Christinas kogekunst prist,

blev han træt og sov,
uden at blive flov.

Da han på sofaen vågnede op igen, spurgte han: "Hvad er dog det, min ven?"

"Det er udsendelsen om heste og køer."
svarede Christina lidt skør.

"Hvorfor er statsministeren ikke mere på TV?"
"Du har sovet, som jeg kan se."

Svarede Christina uden at le.
Søren svarede bare: "Ak og ve."

"Lubi og Anders er allerede gået til køjs."
Svarede Christina lift spøjs'

"Så er det vel også vor tur
til at få en lille lur."

Svarede Søren træt,
og lagde sig på sit senge bræt.

Næste formiddag klokken ti, tøffede Forden på gården ind.
Doktor Vera og professor Bladmand sad kind ved kind.
"Håber vi her må bo i nogle dage,
uden at I vil klage."

sagde professor Bladmand træt.
Han fortsatte brat:

"Vi er hjemsøgt af journalister og fotografer i vort hus i
København,
så vi forsøger at søge en sikker havn.

Vi glæder os til på loftet at bo
og tage den lidt med ro.

Vi er jo bare os to, som du ser,
så vi håber, der ingenting sker."

"Naturligvis må I på loftet bo,
I er jo bare jer to!

Jeg bringer som sædvanlig teen op
i en lille kop."

svarede Christina straks,
som altid var hun meget vaks.

"Vi også Forden i laden lukker ind, så ingen den ser,
hverken journalister eller fotografer med mer'."

fortsatte Christina med at sige.
For hun er så klog uden lige.

Søren sagde midt om natten:
"Så nu larmer katten."

"Din gamle snurrebasse, læg dig nu til at sove
i vor alkove."

svarede Christina ham.
For hun er aldrig mundlam.

"Hvorfor du snurrebasse kalder mig?
Dit kvaj!"

svarede Søren igen.
"Du er vist ikke min ven!"

"Kære Søren, det er jo bare et kælenavn,
som vil komme dig til gavn."

"Nå sådan." sagde Søren fro.
"Men nu skal vi i alkoven gå til ro."

De hurtigt snorkede om kap
med lukket øjenklap.

Tidlig den næste morgen, nogen grinende på Christinas kontor.
Christina straks til kontoret for.

Det var fru Jensens papegøje Signe, som havde taget bo på
Christinas reol,
mens fru Jensen ville nyde sydens sol.

"Godmorgen Signe,
her har du en lille figne,

fra Mogens Madsens haver,
for han figner til vort klima laver."

svarede Christina med et smil,
mens Signe kvitterede med stil.

Doktor Vera og professor Bladmand til stranden gik,
for de så ej journalister eller fotografer, det holdt stik!

De var så glade
og begyndte straks at bade

og svømme rundt,
for det er så sundt så sundt!

Så med ét var professor Bladmand væk.
Én mand som det så, troede han var blevet læk

og sunket til bunden ned,
så han kom farende ganske hed

og ville professoren redde straks,
for han var vældig vaks.

Bladmand var svømmet i land
og tog en skurk af synets vand.

Så vor professor Bladmand
blev igen en synlig mand.
Da manden så professoren på land,
troede han, at han havde mistet sin forstand.

"Jamen jeg så dig først nu
lille du.

Hvad er der dog sket!
Jeg havde dig slet ikke set!"

sagde manden,
som nær havde mistet forstanden.

"Pas på! Virussen BS 21, sammen med sukker,
den lyset i dine øjne slukker."

sagde vor professor blidt.
"Du skal få noget medicin om lidt!"

sluttede professor Bladmand af,
for han er en vældig knag.

Manden takkede og satte sig på en bænk,
han følte sig skudt i sænk.

Professor Bladmand have medicin mod BS 21 i sin taske
og rakte den straks til den dvaske.

Manden livede synligt op,
da han fik medicinen i sin krop.

"Jamen hvem er du?
Jeg kender dig vist fra TV lige nu!"

Fortsatte manden glad,
han var blevet frisk og ville tage sig et bad.

Professor Bladmand rakte ham sit kort,
mens han så bort.

Professoren sagde: "Sig ikke til nogen, at du mig her har set idag,
så er du en knag."

Manden bukkede, skrabede og lovede uden lige,
intet at sige.

Da vor gamle Bladmand og doktor Vera kom til husets hjem,
stod døren på klem.

De så Christina og spurgte: "Hvor er Lubi og Anders?
De er vel ikke taget til Randers?"

I det samme kom Lubi og Anders til syne,
først de Lubi så, med brillerne på hendes lille tryne.

"Nej vi er her, hos Christina og Søren."
Som også nu stod i døren.

"Vi har bare gået tur klokken ni,
på kærlighedens sti."

Forklarede Lubi snart,
i en vældig fart.

og fortsatte: "Men vi har travlt, for vi skal flytte til det nye hus på engen,
så vi må ikke glemme sengen.

Vi flytter midt i næste uge,
så det bliver et vældigt skue.

Syva Pharm behøver Banko og jeg på den fulde tid,
hvor vi skal arbejde med flid.

Christina ved besked
og har hjulpet os på gled.

Vi bliver erstattet af frøken Klid,
som altid arbejder med flid."

Sluttede Lubi af,
den lille knag.

Christina forklarede, at hun havde kendt frøken Klid
i næsten evig tid.

Hun ville være en afløser god,
det alle forstod.

Efter en uges tid,
skulle doktor Vera og professor Bladmand udvise flid.

Doktor Vera på sit laboratorium, meget snart
og professor Bladmand i sit nye professorat.

De tog afsked med alle i huset,
mens de fra stranden hørte suset

af bølger som bruser i land.
En beroligende lyd for alle mand.

Gårdmandens hund Bjørn,
lå og logrede med halen i dørn'.

Nu gik den ikke længere, så lørdag klokken fem,
tøffede Forden hjem.

Lad os slutte afsnittet 'Frihed og tolerance' med dette lille vers, som jeg håber, ikke vil blive misforstået. Verset er kommet til verden på grund af utallige opfordringer fra mine marokkanske venner, som har afsky for terrorister og påstår, at en terrorist ikke kan være religiøs.

En muslimsk terrorist

En muslimsk terrorist er noget sludder,
det er vores opfattelsesevne, der er gået i kludder.

Men, jo vist det er smart,
og skaber terrorisme i en fart.

Hvis man tror, at en terrorist kan være religiøs,
må man have en skrue løs.

Det er meget nemmere at skabe had
end at skabe fred.

Det er nemt at finde en syndebuk,
hvad enten den er grim eller smuk,

er god eller ond,
eller kommer fra samfundets bund.

Vi får fortalt,
hvem der gør samfundet halt.

Det er de muslimske folk,
med kniv og dolk,

får vi manipulerende at vide
fra den højre side,

som maner til had,
så enhver bliver glad.

Hvem ska' forklar,'
at vi bliver holdt for nar?

Spliden blev skabt på en løgn,
på under et døgn.

Det gjaldt om at finde syndebukke,
så nogle politiske partiers holdninger blev så smukke.

Det er en gammel fidus
brugt i historiens vingesus.

Det er med en dyster klang;
historien gentager sin klagesang.

Jul og nytår

Jeg har i mange år skrevet vers til jul og nytår. Her får I et lille udpluk af de nyeste:

Jule og nytårshilsen Fra Marokko

Da jeg kom til mit andet hjem,
blev gigten ikke nær så slem.

Her er varmt og tørt
og mine lemmer bliver rørt.

Fisk direkte fra havet,
som vor mor har lavet

og en masse salat,
så vi næsten går i spagat.

Olivenolien ved min side
får det hele til at glide.

Når de magiske stråler fra vor sol
varmer mig og min stol,

glemmer jeg gigtens åg,
og jeg lader jer alle forstå,
at I en glædelig, gigtfri jul må få

sammen med et nytår så godt,
hvor vi alle skal trives så flot.

Malenes jule og nytårshilsen 2023

Monrad siger, at billedet er tørt,
så jeg skal lave et vers, så alle bliver rørt.

Han påstår, at pigen hedder Malene
og at han er den eneste ene,

som har malet hende
helt alene.

Malene med den gule særk,
er psykisk meget stærk,

så da hun vågnede i nat,
var det ikke pjat.

Hun hørte alarmens klokker
og sprang ud på sine gule sokker

og satte sig i den gamle stol,
hvor oldefar så ofte spillede på sin fiol.

Nede i dalen var helvede brudt løs;
hun blev så bedrøvet den arme tøs.

Hun satte sit hoved lidt på sned
og så, hvad slet ingen ved?

Der til højre hun fik et klik,
da hendes blik

fangede en stjerne så mild og god,
så hun pludselig forstod,

der kan blive en verden uden krige,
hvis vi alle kæmper for fred uden lige.

Det går ikke at blive sur
på hinandens religion og kultur.

Den tid må være forbi,
hvor vi spytter på andres værdi.

Med dette lille billede og vers ønskes I alle en rigtig god jul og et godt, lykkebringende og fredeligt nytår!

NB. Jeg har spurgt Monrad, hvor han har motivet fra; men den gamle slyngel vil ikke røbe det!

Jeg vil røbe lidt af hemmeligheden! Monrad det er mig, når jeg maler!

En lille nytårshilsen mere 2023 - 2024

Kain og Abel

Jeg kaldte dem Kain og Abel;
de havde et næb og ingen snabel.

Selvom jeg havde ventet på et brodermord,
går det ikke altid, som man tror.

Kain var meget stor,
mens Abel bare var et lille nor.

Når de sloges selv midt på natten,
var det ikke af frygt for katten.

Når de sloges om maden, Abel fik smæk
og gemte sig i en sæk.

Men så en dag jeg så,
at Abel var hurtig som få.

Han snuppede maden, før Kain den kunne nå.
Ja, sådan kan det gå.

Abel blev hurtigt stor og stærk som sin bror
og der skete, hvad ingen tror?

Mærkeligt nok gav Kain kampen op
og Abel fulgte trop,

så min spådom blev snydt.
Nå, men pyt!

Det viser blot,
at hvis to haner kan enes, kan vi det også godt

Jeg indså straks,
at Kain og Abel var blevet til Pix og Pax.

Med denne lille "lignelse" ønskes I alle et fredeligt og godt nytår
Lubi og Banko med familier holder jule og nytårs ferie og ønsker
jer alle en glædelig jul og et godt nytår!

Coronatiden

Coronatiden gjorde sit indtog og verden blev efterfølgende aldrig den samme - det gik heller ikke min pen forbi.

Lubi Banko og Bladmand oplevede coronaen på nærmeste hold og holdt sig inden døre, så der er intet nyt fra dem i denne periode.

Under coronakrisen måtte Jamila og jeg ikke komme til Danmark. Sverige bad os om at holde os væk, så jeg blev nødt til at sætte mig ind i det lægelige system i Marokko.

Rejsen til Marokko.

Vi kom fra Sveriges rige
til Marokko uden lige

den 25. februar.
Sagen den var klar.

Kontrollen var ej rar.
Officeren papiret tar':

"Har du i Kina været.
Så er din adgang spærret!

Telefon og oplysninger, skal vi også have,
så vi en rapport kan lave."

Vi kom ind,
med usikkert sind.

Et par dage gik.
Så midt om natten en sms vi fik.

Kom hjem, kom hjem!
Situationen dén er slem!

Som dansker, men bosat i Skåne
Kan jeg mon hus i Danmark låne?

Nej jeg må vente lidt mer'
og se, hvad der sker?

Om morgenen kl. 7
Det er ikke lyv!

Tikkede dén ind fra den svenske minister.
Dén sad på telefonen som klister.

Kom hjem, kom hjem!
Den er ikke nem!

Men kan I blive, så bliv!
Til covid 19 har mistet sit liv!

Vi blev og lever her,
i coronaskyggens skær.

Om nogle dage 10 måneder er gået!
Så må vi bare håbe, det snart er overstået!

Dagens afskedssalut

I dag vil jeg bruge mit krudt
på dagens afskedssalut
og give af vaccine et ekstra skud,
så coronaen forsvinder og dør ud!
Ja det var dagens bedste bud!

Det krudt jeg ikke brugte i går,
som i hjørnet står,
vil vi bruge i dag
i vor fælles sag!
Vi vil give coronaen et ekstra tredje skud,
så den fra vor verden bliver lukket ud!
Ja det var dagens bedste bud!

Alt vores krudt
til dagens salut
er væk,
som forsvundet i en sæk.
For det er både paradoksalt
og katastrofalt,
at når så mange kloge hoveder er blevet spurgt,
er det alligevel blevet noget værre lort!
Coronaen har trukket ud!
Ja det var dagens bedste bud

I dag vil jeg ikke bruge krudt
på dagens afskedssalut!
For dagene bliver lange igen.
Så se op min ven!
Se på lyset som kommer,
se på at vinter bliver til sommer.
Tænk på, at coronaen vil forsvinde

og blot blive et dystert minde,
som med tiden glattes ud.
Ja det var dagens bedste bud!

Da den spanske syge var ved at være slut,
slog den en ordentlig prut,
som afskedssalut!
Lige nu gør coronaen det samme,
selvom prutterne er noget klamme!
Coronaen vil blive jaget ud!
Ja det var dagens bedste bud!

Fødselsdagsgaven 18. december under coronakrisen.

Den 17. oktober, da jeg i spejlet kiggede ind.
Var der ingen tvivl om knoppen på min venstre kind.

Jeg ilede til den franske hudlæge, doktor Campos i Agadir.
Kunne få en tid til klokken fir'

Men valgte den næste dag klokken 10, at tage ind.
Hvor doktor Campos kiggede på min kind.

C'est un petit cancer, sagde han straks.
Jeg havde frygtet noget af den slags.

"Tror du, dette jeg overlever?"
spørger jeg og skælver.

"Min gamle ven, Svend i Danmark, mistede sit liv."
"Du vil ikke dø, jeg opererer dig her om to dage dit piv!"

Da jeg lå på briksen, begyndte han at skære.
Oh! Ak du kære!

Han skar fra kæben og op til øregangen
og halede ud en lyserød "tingest" som slangen!

Der lugtede af brændt menneskekød
og min kind blev ganske rød.

Så syede han det hele,
uden at skele.

Min kind blev forbundet
og forbindingen afrundet.

Jeg kom i begyndelsen hver anden dag
og fik forbindingen skiftet lag på lag.

Senere skiftede jeg selv derhjemme,
en forbinding af de nemme

Jeg blev kontrolleret flere gange.
Doktoren sagde: " Bravo min ven, vær ikke bange!"

Sidste gang, 23. november blev der sagt med myndig stemme:
"Nu kan du blive hjemme!

Her er journalen din!
Den er meget fin!

Det var cancer, isoleret tilfælde, uden spredning.
Det er din redning!"

På vejen ud
takkede jeg igen og igen den gode Gud,

for livet!
Som jeg endnu engang var blevet givet!

Kærlighed, krig og fredelig sameksistens

Versene om fredelig sameksistens og krig, må vi heller ikke gå forbi.

Kærligheden, den store, lidenskabelige drivkraft, hører ej til de nemme,
så den må vi ej at forglemme!

Lubi og Banko er for længst blevet voksne. Bladmand har, som vi allerede har hørt, taget en højde uddannelse og fundet doktor Vera. Følgende vers beretter mere udførligt om de tres kærlighed, som lovet i tidligere afsnit.

Lubi, Banko og Bladmands kærlighed

De gik på kærlighedens sti
og klokken, den var henved ni.

Dagen havde været hed,
men nu var solen gået ned.

Lubi trykkede sine runde briller op
og rettede sin krop.

Ved hendes side var Anders.
Han var fra Randers.

Hun holdt ham i sin hånd,
kærlighedens bånd.

Hun havde ham mødt ved et internationalt seminar.
Sagen dén var klar.

Seminaret var for de usynlige folk
og Lubi, hun var tolk.

Da Anders Lubi så,
slugte han sin skrå.

Lubi var ganske adræt
og gav ham kunstigt åndedræt.

Da han vågnede op, gav hun ham ét kys på hans mund,
så han igen blev stærk og sund.

Nu gik de så her på kærlighedens sti.
Det blev til et kys eller ti.

Da de kom til huset hjem,
var de blevet usynlige, den var slem.

De gik i huset ind
og satte sig på sofaen tæt ved Sørens kind.

Lubi pillede Søren lidt i håret
og trykkede ham på låret.

"Christina vi har lopper i dette hus!
Det er ej lus!"

Christina kom just ind,
så Lubi og Anders, men sagde ingenting.

Gik i køkkenet ud og kom ind med en lille spand
af synets vand.

"Drik I nu bare I to,
så far Søren kan falde til ro!"

De drak en slurk eller to,
da Søren dem så, faldt han til ro.

"Nå så der var jer, der var de lopper!
Det er godt det stopper!"

sagde han brysk,
næsten på jysk.

Alle var trætte og gik til ro
og sov til den næste morgen fro.

Den næste morgen Banko og dessen Sonya arriverede snart.
Sonya med de blodrøde læber, var meget smart.

Hun sprang i stuen ind
og gav Søren et kys på hans kind.

"Banko og jeg gifter os midt i maj,
så der bliver stort ståhej!

Det bliver i Jyderup kirke stor,
for det er dér vi bor!

Bagefter kører vi til Bromølle kro,
midt i naturens ro.

Vil skal have suppe, steg og is,
med de bedste vine naturligvis.

Så får vi kaffe og kage
og læner os tilbage

og nyder musikken fra Sylvesters orkester
og danser, som var vi en dansemester.

Hele vor familie og alle venner
samt dem vi kender

skal med til festen
også gårdmanden og Bjørn - forresten.

Vi to og halvfjerds har inviteret
og håber I alle er interesseret!"

Forklarede Sonya alle i stuen.
Banko stod bare stille og nikkede bag ved fruen.

Klokken ti tøffede Forden i gården ind.
Bladmand den kørte og nogen sad ved hans side og rørte hans kind.

Da de kom ud, så alle doktor Bladmand og en dame.
Det er ingen reklame.

"Det er videnskabs kvinden doktor Vera!
Om jeg må presentera!"

sagde Bladmand lidt nervøst.
"Hun er ekspert i vor gruppe, det er ganske seriøst!

Vil hinanden i laboratoriet mødte,
da jeg til kolben stødte.

Hun kiggede på mig og mødte mit blik.
Det var kærlighed ved første klik!"

"Doktor Victor
er en videnskabsmand så stor.

Han er kærlig, rar og fro,
så det blev os to."

Sagde doktor Vera glad
og kiggede på alle, som i stuen sad.

Det blev en festens dag,
hvor alt gik slag i slag.

Men da klokken blev fem,
skulle alle hjem.

Der var bare Lubi, Christina og Søren tilbage i huset, min tro,
så klokken ti gik alle til ro!

Fra min bog 'Fatima og Peter' kommer følgende lille vers:

Drømmen om kærlighed og fred

Fra drømmens verden
vil jeg berette lidt om min færden.

Jeg drømte om, Fatima at hjælpe i nødens stund,
så hun ikke blev på den dybe grund.

Jeg drømte ikke om guld og ædle stene;
men bare om Peter og Fatima alene.

Jeg drømte om hvordan kærligheden på tværs af kultur,
kan være som fange i et bur.

Jeg drømte om de usynlige bånd,
der bliver bundet med kærlighedens hånd.

Jeg drømte om den varme,
der er i kærlighedens arme.

Jeg drømte om stjernestøv i blodet.
Men eksisterer det overhovedet?

Ja! Det er jeg sikker på!
for vi vil multiverset nå,
når vi lærer at forstå
de stærke kræfter, de store og de små.

Da jeg drømte om krigens gru,
kom jeg et gammelt rim ihu:

Plant FRED, hvor du end går,
så alle forstår,

at det er FREDEN vi skal dyrke,
for den er vor styrke!

Så plant FRED på vor jord,

Her er lidt mere fra 'Fatima og Peter':

Peter frier til Fatima

Et stykke tid efter læste Peter et lille vers for Fatima:

"Min Fatima, hvad skal jeg sige?
Du er en kvinde uden lige.

Når jeg ind i dine smilende, mandelformede øjne kigger.
Ved jeg, hvad der mig på sinde ligger.

Jeg dig elsker så højt, du kære!
Og kan ikke lade være,

med dig at prise,
du som tilhører denne verdens vise!

Hvis du gifte dig med mig vil?
Siger du bare, hvad der skal til.

Hvem skal jeg anmode om din hånd,
så vi kan blive bundet af ægteskabets bånd?

Fatima var, selvom hun ikke var forberedt, ikke sen til at fortsætte:

"Kun mig Peter du kære,
min far har fejlet, desværre!

Så min smukke, dejlige mand,
det er bare mig, du skal spørge om ægteskabets stand!"

Lige efter, at Peter havde hørt det sidste vers, faldt han på knæ foran Fatima og spurgte, om hun ville gifte sig med ham?

Der var ikke noget Fatima hellere ville!
Peter trak to guldringe op af lommen og satte den ene på Fatimas finger. Den anden satte han på sin egen.

Nu var de forlovede!

Fatima og Peters bryllup

Peter var kommet i det poetiske hjørne og havde skrevet nogle vers i anledning af brylluppet og læste dem op:

Hyldest til Fatima

"Oh! Fatima, du kære! Her er min besked!
Du er det smukkeste, jeg ved!

Oh! Fatima, du smukke! Jeg håber, du forstod,
du er så rar, så mild og så god!

Oh! Fatima! Du gode! Vi vil gå den samme vej,
for du har giftet dig med mig.

Oh! Fatima, du skønne! På Røsnæs jeg dig så,
da du i Søren og Christinas have ville gå.

Oh! Fatima, du kære! Da du ville gøre haven fin,
var mit store ønske; du skulle blive min.

Oh! Fatima min egen! Det gav i mit hjerte et klik,
da jeg så dit smukke blik.

Oh! Fatima, du smukke! Jeg er sikker på fremtidens vår,
for vi forstår.

At tolerere hinandens værdier
og filtrere, hvad verden siger.

Oh! Fatima, du kloge! Vi vil sammen af kundskabens træ øse.
For problemer med børn og familie at løse.

Oh Fatima! Du kære! Tak for at du blev min,
jeg vil til evig tid være din!"

Fatimas tale til Peter

Da Fatima kvitterede med en tale så smuk,
gav det i alles hjerter et suk.

"Når jeg tænker på dig min kære Petermand,
går det over min forstand,

at jeg dig på Røsnæs skulle møde.
Du skønne, dejlige søde.

Da du kom til mig i haven ind
og øste af dit gode sind,

blev jeg ganske ør,
så jeg troede, jeg var blevet skør.

Men jeg vidste inderst inde godt,
at vi skulle bo på samme slot."

Hun ønskede for dem begge to,
at deres tilværelse ville blive så go', så go'!

Med et liv i en verden skøn.
Det var og blev hendes store bøn.

Versene om fredelig sameksistens og krig, må vi heller ikke gå forbi!

Fra slutningen af min bog 'Kirkebugtens dyb' kommer min opfordring til alle om at slutte sig sammen om et liv i fred.

Tag udfordringen op og dig stop

Soufiane troede, han fik det sidste ord,
men han forstod slet ikke spor,

for jeg lavede en side mere
med plads til formaninger flere.

Jeg lavede en dyster opsang til alle,
der vil fredselskere sig kalde.

Skal nogle magtfulde tyranners rus
skyde vor verden i grus?

Tag udfordringen op.
Og sig stop!!!

Til vold og krig
som vi ikke kan li'!

Hvis vi ikke protesterer allemand,
alt det vi kan.

lægger vi jorden øde,
for så er vi altså døde!!!

Her følger mere kærlighed fra vores venners verden.
Så vi i må hellere følge dem i deres færden.

Lubi bliver syg og følgerne deraf.

Lubi og Banko flyttede på engen
og huskede sengen.

Det var rigtig godt, for Lubi begyndte om morgenen snart,
at kaste op og spænede tilbage til sengen i en fart.

Da det havde stået på en i uge,
tog Anders sin frue

til doktor Olsen, den rare mand,
han fik at vide, at den lille Lubi hver morgen kastede op i en spand.

Doktor Olsen kiggede over sine briller
og sagde: "Vi må se hvad det er som driller.

Jeg tager nu nogle prøver, så kom tirsdag i næste uge,
så vil vi dem skue."

Da de kom ugen efter, kiggede doktor Olsen igen over sine briller
og sagde: "Nu ved jeg, hvad det er, som driller.

Der er en junior på vej,
Lubi, du venter dig!

Din kvalme forsvinder om nogen tid,
bare dyrk motion med flid."

Lubis briller på hendes lille næse begyndte at dugge,
mens Anders begyndte at sukke.

Tårerne trillede ned ad Lubis kinder,
over glæden og så mange minder.

Anders og Lubi spurgte: "Doktor Olsen, bliver det dreng eller pige?"
"Jeg må først se, havde jeg skal sige.

Kom her til mit ultralydsapparat
i en fart!

Så ser vil snart,
hvad det bliver, ganske smart.

Som du ser dér Anders, bliver det en pige,
Det er hvad, vi kan sige."

rundede doktor Olsen af.
Den gamle knag.

"Men da I begge tilhører usynlighedens folk uden lige,
behøver vi, at behandle dig Lubi i tre måneder, inden du skal
føde den lille pige.

Så pigen undgår jeres usynligheds skavank
og fødes med et gen så blank."

fortsatte den gode doktor Olsen smilende og kiggede over sine
briller,
For nu vidste de, hvad det er, som driller!

Hjemme i det nye hus på engen,
lagde Lubi sig mindre og mindre på sengen.

Kvalmen forsvandt,
hun den overvandt.

Huset stod på den anden ende,
Anders ville besked til sin mor og far i Randers sende.

Da de læste beskeden blev de ellevilde
og ville holde et gilde.

Dér var mange jyder,
ligeså det syder.

Alle fra det sjællandske land,
mødte også op alle mand.

Professor Victor Bladmand Sørensen
holdt en tale så flot,
så doktor Vera og alle klappede så godt.

Lubi var festens midtpunkt og blev ør.
Det havde hun aldrig prøvet før.

Bortset fra, at Anders forsvandt,
hvilket han overvandt

med en pille fra synets vand,
så han igen blev en synlig mand,

gik festen ganske efter planen,
så alle i klanen

hyggede sig godt og længe,
inden de fandt deres senge!

Anders fortalte: "Jeg blev økonom sidste år,
som tiden dog går.

Hver dag jeg arbejder på Syva Pharm,
så jeg bliver ganske varm."

Anders' far og mor,
takkede alle i kor.

Vel hjemme på engen igen,
fandt Anders og Lubi en barneseng.

Nu da Lubi var med "rogn,"
skulle de også have en barnevogn.

De købte alskens sager og bleer
med meget mer'.

Lubi blev med tiden tromleryk og måtte søge orlov fra Syva Pharm.
Men ingen grund til alarm.
Hun var sund og varm

For doktor Olsen tjekkede hende så godt
på sin klinik, som et slot!

Tre måneder inden hun skulle føde,
blev hun behandlet med medicin som fløde.

Så den lille ny
ville blive født, som et synligt menneske i fader og moders ly.

Så kom dagen eller rettere aftenen, for klokken var mere end atten,
hvor Lubi på Holbæk sygehus skulle føde den lille ny, som først var lidt slatten.

Men livede op,
da hun fik et slag bagi på sin lille krop.

Anders var også til stede
og overværede det hele med glæde.

Deres lille nye pige var så fin
og Anders tænkte: "Hvor er det godt, at hun er Lubis og min."

Den lille Lubi blomstrende som mor
i sit fulde flor.

Da to dage var gået,
var hospitals opholdet overstået.

Så Lubi og lillepigen vendte hjem til barnesengen
på engen.

Mor Sonya havde med smukke blomster pyntet op,
så alt var helt i top.

Der var også en lille gave til den lille ny,
en yndig lille py.

Så kom de ellers slag i slag med en gratulation så stor
til det lille nye nor.

Selv gårdmandens hund Bjørn
lå i dørn'.

Da den lille skulle døbes, blev det i Holmstrup kirke,
hvor Lubis oldefar havde sit virke.

Den stolte gudfader Banko lillepigen svøbte,
mens præsten hende døbte.

Da han nævnte hendes navn, Ane Kirstine,
begyndte Lubi lidt at hvine.

Hun var så rørt
over de to navne, at have hørt.

Ane var hendes ene oldemor,
mens Kirstine var hendes mor.

Lubi fik hurtigt brudekjolen på
og kom op at stå!

Banko og hende gik op til pastoren hånd i hånd,
for at knytte kærlighedens bånd.

Pastoren dem viede så flot,
så nu var det hele godt.

Alle jublede og lo,
for traditionen tro,

var der inviteret til fest på Bromølle kro,
hvor maden er så go'.

Ganske klart, mor og far til Anders,
var ankommet fra Randers.

Tilstede var også mange andre jyder,
der stadig snakkede og sang, så det i luften syder.

Alle dem vi kender fra det sjællandske land,
var der også alle mand.

Selv gårdmandens hund Bjørn,
lå som vanligt i dørn'.

De fik suppe, steg og is,
så der skulle være plads til en lille fis.

Da brudevalsen blev danset,
blev det af nogen sanset,

at Anders blev borte,
man så kun en flig af hans skjorte.

Men doktor Vera var vaks
og rakte ham straks

en pille af synets vand,
så han igen blev en synlig dansemand.

Onkel Franz fra Hobro,
sagde: " Det er et trick, han gemmer noget i sine sko."

Tante Julle var på det ikke sikker,
hun påstod, at det var noget, som man i ham stikker.

Der blev meget diskussion
om den situation.

Alle de tidligere usynlige og deres familier lo,
for de vidste, at der var intet i de dansesko.

Da natmanden var spist og festen var slut,
kvitterede professor Victor Bladmand Sørensen med salut

og takkede for en fest så stor
for brudeparret og det lille nor.

Den næste dag vågnede Ane Kirstine alt for tidligt op,
så Lubi og Anders måtte lette deres dovne krop.

Ane Kirstine skulle have mad
og et lille bad.

Ane Kirstine blev en mellemting mellem sin far og mor,
hverken lille eller stor.

Han blev med tiden vaks som sin far og sød som sin mor
og ønskede bare at få en lillebror.

Men Lubi og Anders havde travlt på Syva Pharm,
så selvom sengen var varm,

måtte lillebror på venteliste uden alarm.
Lubi havde nok i Ane Kirstine ved sin barm.

Doktor Olsens medicin havde også været god.
For Ane Kirstine var synlig, det var noget alle forstod.

Lubi, Anders og Ane Kirstine trivedes uden lige,
tør vi virkelig sige.

Deres hus blev så flot så flot,
det lignede et slot.

Bedstemor Essaddia, også fra min bog om Fatima og Peter,
kunne ikke lade være med at vise billeder af hendes familiehus.

Familiehuset

Så alle skulle se det prægtige hus,
der nu var skudt i grus.

Hun fældede en tåre,
da hun tænkte på den båre,

der førte hendes mand fra ruinen ud.
Hun tænkte på, hvordan hun havde bedt til Gud;

om at spare hans liv;
men nu lå han dér, som et bøjet siv,

med en lemlæstet, blodig krop;
ham, der håbede, at krigen ville gøre stop.

Bedstemor Essaddia var delt i sit sind.
Det hele føltes som en hvirvelvind.

Det var en drøm så ond,
der kom til hende fra livets bund.

Selvom hun levede godt i sit nye land,
savnede hun så meget sin gode mand!

Hun sad en stund
og følte sig på gyngende grund.

Bang!!!
Så lå hun på gulvet så lang.

Mor Sahra, havde hørt hendes ynkelige sang! Hun vidste,
hvordan hun skulle klare den sag.
Med en pille for stress og jag.

Bedstemor Essaddia var i bund og grund en stærk kvinde, som overvandt sit "granatchok." Nu kigger hun sjældent på billedet af sit gamle familiehus længere; så hun lever i bedste velgående og beder til Gud, som også er Fatimas, Peters, din og min Gud, også selvom du måske proklamerer, at du ikke er troende!

De er alle "tilpassere" og overlevere!

Helbred og hemmeligheder

Vi har alle vores hemmeligheder, og dem skal vi have lov til at have; men jeg vover alligevel at røbe en af mine, nu da så mange år er gået. Helbred og misbrug af alkohol hører unægtelig sammen, så følgende vers beretter både om min hemmelighed og om mit helbred.

Kampen mod sprutten

Jeg kæmpede med sprutten i mange år,
mange flere år end I tror og forstår.

Jeg kunne stoppe en tid;
men drak så igen med flid.

Jeg passede på,
at ingen det så,
så det blev kun registreret af få.

Først, da jeg blev truet med sygdom og død,
vidste jeg hvad det betød.

Jeg var af alkoholen blevet en slave,
så jeg vidste, hvad jeg skulle lave.

Jeg skulle gøre mig fri,
selvom jeg kunne den li.'

Jeg stoppede indtaget brat,
det var svært, og jeg blev hurtigt træt.

Jeg havde prøvet det mange gange før
uden at blive skør.

Alkoholen havde været min plage
og hver gang fået mig tilbage.

Denne gang havde jeg frygten som min ven,
han ville mig hjælpe med at slå igen.

Så, da jeg efter en uge ville tage en dram.
var det ham,

der sagde: “Der er i dit glas en flue;
du kan den ikke skue.

Selvom fluen er uden for synets rammer,
vil den slå dig, som med en hammer!”

Mine dage var talt,’
jeg vidste, hvad det gjaldt;

Jeg stirrede længe på glasset, mens jeg fornemmede fluens ånd,
begyndte jeg at ryste på min hånd.

Jeg tabte glasset, som gik itu;
men fluen lever heldigvis endnu!

Den er ihærdig og fin
og sørger for, jeg aldrig mere drikker alkohol og vin!

Efterfølgende hemmelighed har været særdeles godt bevaret i mange år. På vej hjem fra Thailand med et Aeroflot fly, med mellemlanding i Moskva, var det lige ved at gå galt med mit drikkeri; men heldigvis slap jeg med skrækken og holdt en lav profil resten af vejen.

Da jeg slap for at komme i håndjern

Engang på et Aeroflot fly fra Bangkok til Moskva,
min karakter, den blev meget svag.

En nordmand satte sig ved min side
med en flaske rom, som jeg kunne lide.

De russiske desser ikke var glade
for at se os i rom næsten bade.

Min kone det så
og tænkte derpå.

Hun kom til mig og sagde:
“Nu slutter du festen uden at klage.

Ellers går det galt, det her,
jeg tør slet ikke tænke på, hvad der sker?”

For en gang skyld, jeg alvoren forstod i hendes sind,
så jeg stoppede med flere drinks at tage ind.

I Bangladesh der kom fine fruer og mænd,
Det var et russisk, fornemt spænd.

Nordmanden ved min side,
troede at kvinderne ville kunne lide,

at han tilbød dem sin manddoms kræfter
med tilhørende safter.

Kvinderne klagede til dessen uden ro,
så stewarden kom med håndjern to,

lagde dem hurtigt på nordmanden,
som nu følte sig på spanden.

Selvom han blev sat på bagerste sæde til damernes glæde,
begyndte han at græde.

Min kone kom igen og sagde: “Der var du heldig Pollemand!
Det går over min forstand,
at du ikke bare holder dig til postevand!”

Her er et forslag
til en bedre alkoholfri dag.
Det vil sikkert af mange blive mødt med ubehag,
så jeg håber ikke, jeg på halsen får en sag!

Alkoholkulturen

Forkærlighed for alkohol er en ældgammel kultur,
der for længst skulle have været sat i bur.

Alkohol er rus og gift,
som giver mange et lift.

De er bange for at være sig selv
med en vaklende mening, ja vel.

Det skal være let at sige fra,
så man ikke alkohol tar'.

Det skal ikke være normalt
at alkohol drikkes i mængder, katastrofalt.

Når man mødes, skal man kunne drikke te og kaffe,
selvom man alkohol kan skaffe.

I vor moderne tid
med akkuratesse og flid,
intet individ
burde sætte til alkoholen sin lid!

Mit råd vil derfor være
et af de meget svære.

Hvis du med alkoholen nøler
så tag dig dog en føler.

Se dig omkring, se livet det skønne
og læg alkoholen i en tønde!

Det meste af mit liv har jeg beskæftiget mig med motorer og maskineri. Jeg var ofte med min far på motorfabrikken, da jeg var dreng og vidste i en tidlig alder mangt og meget om motorer. Min bror og jeg fik derfor øgenavnene: Lillemotor og Stormotor.

Den gamle motordoktor

Som gammel motordoktor,
jeg på maskineriets levetid vogter.

Jeg ved,
at en gammel maskine behøver en olie fed.

Det rette brændstof i den rette mængde,
forlænger også levetidens længde.

Passe og pleje og motion hver dag
er tilmed en vigtig sag.

Jeg har valgt at tro,
at for os mennesker er behandlingen også go'!

Det gælder om, at lade det biologiske ur,
tage den langsomme tur.

Så at smøre sine led
med fiskeolie, der langsomt glider ned

er ret,
og så bliver man heller ikke træt!

Uden den rigtige mad og drikke
går det ikke.

Gem alkoholen i en sæk
langt, langt væk!

Drik af ungdommens kilde
af eliksiren den milde.

Gå i stedet for at køre,
så dine lemmer ikke bliver skøre.

Hold humøret i top,
og giv aldrig op
og plej din krop!

Glem din alder,
for det er livet som kalder!

Mine venner

Jeg har i bogen 'Stjernestøv i blodet,' skrevet om alle de venner, jeg kender.

Indledningsvers

Mine venner har alle farver,
for mig det rager,

om de er sorte, hvide, gule eller røde;
bare deres hjerter er bløde.

Om de kommer fra vor jord
eller langt herfra, hvor vi bor,
betyder for mig slet ikke spor.

Stjernestøv i blodet,
kan virke lidt rodet.

Men det er dit positive, glade sind,
der lukker dig ind

i det fælles samvær;
helt uden besvær.

Når vi med kærlighed danner bro,
er det uanset herkomst, farve eller tro.

De usynlige bånd
i venskabens ånd,

danner rammen så bred
for et liv i fred.

Bogen slutter også med et lille vers af samme slags:

Afslutningsvers

I kender nu mine venner

Jeg tror, I nu kender
mine mangfoldige venner!

Både de brune, hvide, røde, gule og blå
og dem med øjnene på skrå.

Der er dem fra denne jord
og dem, som i universet bor.

Jeg ved, I tager del i "multiversets" gåde
på jeres positive og dejlige måde

og forstår,
at når,
vi drikker en kaffetår

er det en herlig sag
i venskabeligt lag.

Vi ved, at for dem med meget stjernestøv i blodet,
kan livet blive lidt rodet.

Men langtfra trist,
det er sikkert og vist.

Vi lader vores barndoms venner slutte af
med deres daglige dag.

Der er nok nogle I ikke kender;
men det ofte hænder,

at flere kommer til,
så tag det, som I vil.

Lidt mere om vores kære fantasi venners hverdag:

Hverdagen

Det blev kun alt for hurtigt hverdag,
hvor hver og én skulle klare sin sag.

Professor Vera på universitetet underviste og på laboratoriet
lavede forsøg,
så det var ingen spøg.

Professor Victor Bladmand Sørensen underviste også på
universitetet og kaldte, når der var emner at diskutere
- sin videnskabs gruppe sammen, så ingen kunne dem
manipulere.

Lubi deklarerede
og fakturerede

Anders var økonom,
dén rare gnom.

Banko var blæksprutten på Syva Pharm,
med sin stærke arm.

Mor Sonya korrespondancen styrede
og fremmed arbejdskraft indhyrede.

Martin og Mathilde gik i skole
og havde en klasselærer, som hed Ole.

Ane Kirstine gik i Syva Pharms børnehave,
hvor de hele tiden havde noget at lave.

Unikummet Søren Victor Sørensen, gik i skole i København,
hvor alle kendte hans navn.

Lille Signe
som fik alle til at grine,

var lige i vuggestue kommet hos tante Mette,
for mor Sonya at lette.

Fido var til Ane Kirstine kommet hjem,
så der stod døren nu også på klem.

Et lille efterskrift

Jeg vil lade Bladmand få ordet for en stund,
og det er ikke uden grund.

Den ellers så muntre professor Victor Bladmand Sørensen, havde en versebog liggende i en skuffe på loftet, som hans kone og deres kloge søn Søren Victor fandt ved et tilfælde.

Når livet kom lidt på tværs,
skrev professor Bladmand en del vers.

Når jeg ikke kan sove, ligger jeg og tænker på,
hvordan det i vort samfund skal gå?

Jeg kommer nogle gamle vers i hu,
som jeg skrev engang i smug.

Versene er ikke nye, men taget ud af en sammenhæng, hvor jeg tænkte det samme,
da forholdene også var klamme.

Når mange umenneskelige tiltag
rammer vor hverdag,

er det dårlige tegn for vort demokrati
og for ethvert parti!

Vi bør tænke på,
at fanatisme og fascisme aldrig må genopstå.

Så derfor til jer min sang.
Lad ikke historien gentage sin gang!

Så er bogen slut

Ja så er bogen slut;
jeg behøver bare et minut.

Af versene findes der, som lige skrevet mange flere,
af specielt Lubi med følge er der meget mere.

De på min computer er gemt,
så det vil være ganske nemt,

frem dem at hente,
det behøver ikke at vente.

Hvis nogle dem læse vil,
skal der ikke mere til.

Hvis I søger
på nogle af mine bøger

med interesse,
I dem finder på min internetadresse!

www.eventyrogstjernestoev.dk